Eva-M. Hammer

Die nackte Seele

Gewidmet den Göttern der Muse,
meiner Deutschlehrerin
und meiner liebenden Mutter.

Eva-Maria Hammer
(lyrik-hammer@web.de)
Die nackte Seele – Gedichte
1. Auflage

Die Autorin

Eva-Maria Hammer, 1978 in Magdeburg geboren, verdankt ihrer Deutschlehrerin die Leidenschaft, Gedichte zu schreiben. „Sie ist eine verdammt gute Pädagogin, und auch heute noch sind die Schüler von ihr begeistert", meint die Autorin, die seit 1995 schreibt: über den Tod, die Geburt, über Begegnungen, Urlaub, Sex und Naturgeschehnisse.

Das Ergebnis ihrer schriftstellerischen Arbeit: Bislang hat sie 200 Gedichte verfasst, von denen dieser Band eine Auswahl vorstellt. Eva-Maria Hammer lebt und arbeitet in Schwerin, der Landeshauptstadt von Mecklenburg-Vorpommern.

Über das Buch

Die Gedichte erzählen die Geschichte einer
Frau, die niemals die Augen schließt und
jede Begegnung nutzt, um noch mehr zu
verstehen.

Eva-M. Hammer

Kapitel I

Wechselhafte Einsamkeit

Ein Geschenk

In jener Nacht
Als ich bei dir war
In jener Nacht als ich dich sah
In jener Nacht
Geschah etwas Unbegreifliches
Und doch unvergessliches
In jener Nacht
Verlor ich Verstand und Seele

Du bist der Grund
Die Sehnsucht, die nicht gestillt wird

In jener Nacht
Heulte der Wind
In jener Nacht
Verzauberte uns der Mond
In jener Nacht
Ward ich zum Sklaven deiner Macht

Du allein bist der Grund
Dass ich
In jener Nacht
Glücklich ward

Stille Heimkehr

Der Tag neigt sich dem Ende
Die Dämmerung hält Einzug
Die Sonne versinkt in der unendlichen
Tiefe des Horizonts

Zufrieden sehe ich dich an
Bei dir fühle ich mich frei
Ohne Fesseln
Kein falsches Spiel
Nur Freundschaft
Keine Verleumdung

Daheim im Paradies
Hier möchte ich verweilen
Ohne Zwang
Flucht vor Neid und Missgunst
Auf Schwingen völliger Zufriedenheit

Der Tag neigt sich dem Ende
Das Firmament der Nacht erhebt sich

Eine andere Welt

Draußen vor der Tür flüstert der Wind
Drinnen knistert das Feuer
Bäume rascheln zart mit ihren Blättern
Seen verbergen im Schilf und Algen kleine
Geheimnisse
Und der Horizont öffnet seinen dunklen
Mantel,
Schickt Boten hinab

Ein Adler kreist über seinen Wald
Mit seinen breiten Schwingen
Und auf einem Feld allein und ruhig,
Gespannt lauschend
Stehe ich mit Sonnenblumen,
Drei an der Zahl, in der Hand
Blicke hinauf
Sonderlich doch wahr
Höre ich das neue andere Lied

tod

In naher Zukunft entsteht ein neues Leben
umsorgt und behütet ein helles Licht —
warm
umschließt den Körper
in der Vergangenheit erlischt ein Leben
Dazwischen liegen Freude und Trauer
du begreifst nicht warum
du siehst keinen Weg
doch auf dem Pfad der Zeit
stolziert die Seele lachend an dir vorüber
vorbei an Hemisphären der Unendlichkeit
und dem Spiegel deiner selbst
lässt erkennen, was leben bedeutet
Verderben – Wiedergeburt
Tod – Leben
kein großer Sprung
kein großer Unterschied
zeigt dir die Zusammengehörigkeit
Die Verbindung liegt im
Gestern und Heute

Im Takt des Lebens

Hör auf den Takt
Spür den Inhalt
Hör auf den Takt
Spür den Rhythmus

Halt jeden Gedanken fest
Sieh das Klare und Ferne
Halt die Noten verschlossen
Sag nichts

Hör einfach nur zu
Spüre jede Vibration
Hör jede Höhe, jede Tiefe
Spüre jeden Funken Feuer
Hör das Wahre

Sieh den Mond
Hör sein Flehen
Sieh sein Lächeln
Hör sein Bitten

Achte auf das Bild im See
Berühre deine Seele
Verschließe nichts
Der Mond ist nicht allein
Regiert mit seinen Phasen des Abbruchs

Zweifelhafte
Schreie
Aus dem Dunkel

Hör auf den Takt...

Der Leuchtturm

Sein Licht reicht bis Dänemark,
Ist heller als der Sternenhimmel.
Es streichelt die Wellen,
Spielt mit den Flügeln einer Möwe.

Einsam und gefestigt wacht er über den
Strand.
Seit Jahren steht er nun schon dort.
Seine Geschichte reicht weiter als deine
Gedanken.
Er erzählt über Verliebte, Ertrunkene,
Versunkene, Schwimmende.

Der Leuchtturm – nicht nur ein
Warnzeichen.
Ein Ort des Zusammenspiels,
Zusammen mit dem Wind, die Mystik des
Meeres.

Auch ich stand da und ließ mich treiben.
Befangen und leicht - verfallen in Trance,
Hörte den Gesang einer Möwe,
Wurde gefangen im Licht des Leuchtturms.

Nachts,
Wenn nur die Sterne und der Leuchtturm
den Strand regieren,
Tobt mein Herz.
Und ich werde frei.
Jede Nacht auf ein Neues.

Der Leuchtturm – einsam und alt,
Weicht keinem meiner Gedanken.
Sein Licht führt in die Sicherheit.

Zwei Menschen

Zwei Menschen begegnen sich auf einer namenlosen Straße in einer namenlosen Stadt – Ein Blick – Eine Bewegung – Eine Ahnung – Plötzlich ist die Realität – namenlos – Eine Illusion – geschaffen für einen Moment – Zwei Menschen angezogen von ihrer Unbefangenheit – von ihrer Unschuld – von ihrer Sehnsucht – Eine kurze Verständigung – Ein Blick – Tiefer gehend als ein Satz – zwei Menschen berühren einander ohne ihre Hände – Sie fallen und fangen sich auf – Zwei Menschen...

Der Wein

Rot – bernsteinrot
Im Schein der Kerze,
Spiegelt sich im Weinglas
Das Bourget des Weines wieder
Vollmundig
Süß
Voller Zeit und Geduld
Ein Schluck -
Nein, das Benetzen der Lippen
Berührt die Seele

Süß wie die Versuchung
Stark wie das Verlangen
Intensiv wie die Berührung

Wein
Schon immer die Geburt der Sinnlichkeit
Ein Glas und man verfällt seinem Charme

Rot – burgunderrot
Wie die Sehnsucht
Verlangend und schwärmerisch
Im Kerzenschein
Der lauen Frühlingsnacht
Genieße ich den Kuss des Weines
Süß, stark, atemberaubend

Es ist wie eine heimliche Liebe
Genuss nur allein und heimlich
Es ist wie das Gefühl zu wissen,
Dass alles passieren kann

Wenn ein Kuss
Ebenso süß, stark und intensiv ist
Wenn die Berührung
Ebenso verheißungsvoll ist
Wenn der Blick
Ebenso atemberaubend ist
Lohnt es sich dann nicht zu leben

Der Wein ein Geschenk der Höheren
Kostbar
Sinnlich
Unendlich köstlich

Déjà vue

Ich habe dich schon einmal gesehen, als
mein Körper schlief, war mein Geist bei dir
– mit dir zusammen. Ich habe dich nicht
nur gesehen, auch geschmeckt. Ich habe
meine Hände nach dir ausgestreckt, habe
dein Gesicht ganz nah bei meinem gespürt.
Ich habe dich schon einmal gesehen, als
mein Verstand in der Unendlichkeit nach
dem Warum suchte und mein Geist in
deiner Nähe schlief. Ich habe dich
gerochen, als mein Geist bei dir war. Diese
Begegnung war so intensiv, so real. Ich will
sie immer wieder erleben. Jedes Mal
erfahre ich diese heiße Leidenschaft aufs
Neue. Ich habe dich schon einmal gesehen

Eva-M. Hammer

Kapitel II

Der Jahreszeitenwechsel
hält Einzug

Schnee

Du wunderbares, weißes Geheimnis
Leise' und sacht senkst du dich hernieder
Bedeckst mit deinen Sternen zart die Welt
Alles wirkt so ruhig und friedlich
Nur schwache Abdrücke erinnern an
Bewegung
Du versteckst das Grau des Novembers
Du verschleierst die Wirklichkeit
Und gibst uns Rätsel auf
Du bewachst ein Geheimnis
So weiß und kalt
Und doch so warm liegst du auf den Ästen
nackter Bäume
Ich hoffe – du gehst nie
Du wunderbares, weißes Geheimnis

Bestreben und Erhalten
Sinn oder Unsinn?

Rosen, die blühen und wieder verwelken
Sonne und Sterne, die aufgehen und wieder unter

Von weiter Ferne spürt der Mensch
Welche Bedeutung in der Natur liegt
Langsam kehrt er dem Horizont den Rücken zu
Um seinen Weg einen neuen Sinn zu geben
Bestreben und Erhalten erlangen neue Wege
Er geht mit der Sehnsucht im Herzen
Und dem Ziel vor Augen

Leidenschaft erreicht eine neue Dimension
Rosen, die blühen und sterben
Sonne und Sterne, die aufgehen und verglühen
Der Mensch will fassen ohne Scheu
Doch die Natur stillt nie mehr seine Sehnsucht

Weinender Herbst

Das Land,

Es weint.

Jede einzelne Träne

Klopft an das Fenster.

Die Bäume,

Sie werden kahl.

Die Zweige

Biegen sich unter der Last

Das Feld,

Es ist leer.

Wenige Grasbüschel

Erinnern an die letzte Ernte.

Die Häuser,

Sie wirken trostlos.

Irgendwo

In weiter Ferne

Bellt ein Straßenköter

Das Land,

Es weint.

Gedanken der Nacht

Der Mond erhellt die Nacht
Er schickt seine Strahlen in einen
bestimmten Raum
In diesem Raum befindet sich ein
Schreibtisch
Ein künstlerisch vollendeter Schreibtisch
Antik und wunderschön
Auf diesem Schreibtisch steht eine sehr alte
Leselampe
Außerdem liegt dort ein Schreibset
Edel und kostbar

An diesem Schreibtisch arbeite ich
Es ist die Masse, die mich unter Druck setzt
Doch im Mondschein kann
jeder Fremde erkennen,
Dass mir diese Arbeit Spaß macht

Trotzdem geht das nicht so fort
Der Schlaf lockt mich in die Ruhe
Der Mondschein deckt mich zu
Ein sanfter Kuss
Ein Flüstern

Nun versinke ich in Träume
Doch hoffe ich noch immer,
Nicht mehr allein zu sein
Obwohl ich vertraue
Wird alles noch viel schlimmer
Der Schreibtisch – ein stummer Diener –
wartet
Bis der Tag hereinbricht
Und der Besitzer weiter arbeitet

Ein Wink des Mondes
Und seine Schwester erscheint
Und mit dem Mond verschwindet auch
die Nacht

Blutrote Nacht

Der Blick verliert sich in
der Ferne.
Das Meer bäumt sich auf
Die Gicht schlägt gegen
die Felsen
Poseidons Macht ist
unerreicht
Der wolkenlose Himmel
vereint sich
Am Horizont mit den
Fluten voller Kraft
Verspielte Wellen
rebellieren gegen das
Ufer
Umspülen ihren Körper
Doch von alledem
bemerkt sie nichts
Ihre Beine – schlank und
tief umschlungen von der
untergehenden Sonne
Bedeckt mit einem Hauch
von Salz
Dieses Salz liegt auch auf
ihren Lippen
Busen, Armen und Bauch
und
Ihrem Hals –
wohlgeformt und verhext

Ihre Augen sind
geschlossen
So kann sie nicht sehen,
wie sich
Der Schatten lautlos auf
sie zubewegt
Leichtfüßig und ruhig
Mit seinen feingliedrigen
schönen Händen
Streichelt er ihre weiche
salzige Haut
Er fühlt jeden Herzschlag

Ertastet jede Faser ihres Tempels
Ihr Atem ist warm und geht
gleichmäßig
Seine Augen – tief und dunkel wie
die Nacht
Spiegeln das heilvolle Licht des
blutroten Vollmondes wieder
Und sein Verlangen nach der Kraft
dieses Körpers...

Unendlich langsam beugt er sich
über ihren Kopf
Streichelt zärtlich das goldfarbene
Haar
Öffnet leicht den Mund und es
blitzen...

Einen Augenblick lang geht ihr
Atem schneller,
Dringt ein Seufzer über ihre
Lippen,
Bäumt sich ihr Körper auf

Der Mond geht unter – beschämt
durch das Verbrechen
Ein Hauch von Schwefel und Staub
legt sich sanft über den Strand
Und nichts erinnert an dieses
Verbrechen
Außer ein zerbrochener Körper
ohne Kraft

Und dieser tote Körper des
hübschen Mädchens weist zwei
unscheinbare male auf,
Aus denen Blutstropfen treten
Der Mantel der Nacht senkt sich
Und die Leiche der jungen Frau –
Vergessen am Strand der Ewigkeit

Schwarzer Ozean

Schwarzer Ozean
umfängt die Körper
Und küsst ihre Haut
Salzig und kalt erregt es
die Sinne
Die Zeit steht still
Und die Nacht verläuft
ohne Beschränkung
Heiße Leidenschaft
umfängt beide Seelen
Und der Verstand steht
still
Die Lust gesteigert durch
die rhythmischen
Bewegungen
Eine Symphonie der
Extasse unaufhaltsam
durchströmt der eine
Gedanke den Kopf
Besitz der Seele des
anderen

Besitz des Körpers des
anderen
Süchtige – gierige –
verlangende Blicke
Fordernde Küsse
Heftige Umarmungen
Mehr – mehr – ich will
mehr
Sein Körper gleicht einem
Tempel
unwiederbringlicher
Leidenschaft
Unendliche Energien
durchfahren mich

Ich kann nicht von
ihm lassen
Ich will nicht von ihm lassen
Benutze diesen Körper'
Liebe diesen Körper'
Aber berühre niemals diese
Seele

Schwarzer Ozean umfängt
den Körper
Und hinterlässt Spuren seiner
Gaben
Heiß und kalt im Wechselbad
der Gefühle
Gedanken kreisen ohne Ziel
und Richtung
Seine Hände – überall
Meine Zunge sucht geduldig
Nach einer Verbindung

Naturgewalten prallen
aufeinander
Entladungen von
unerreichbaren Energien
Nichts existiert mehr
Außer der schwarze Ozean
und wir

Alle fünf Sinne konzentrieren
auf eine Sache
Schmecken der neu
geweckten Gefühle
Salz, Nacht, Schwarz
Diese neue Kraft hält mich
fest
Und gibt mir, was ich
brauche...
Schwarzer Ozean...

Frühlingskuss

Die Sonne küsst sanft die
Frühjahrsblüher
Die Erde duftet herrlich frisch
Der Wind wiegt sanft die Boten des
Frühlings in seinen Armen
Es blüht...

Die Sonne küsst liebevoll Deine
Nasenspitze
Die Erde trägt deine Fröhlichkeit
Der Wind küsst liebevoll Deine Augenlider
und Entführt dich in sein Reich
Du blühst...

April – Du erwachst und Trägst das Lächeln
des Frühlings auf deiner Haut...

Sommerkuss

Die Sonne küsst sanft die
Sommerblumen
Die Erde duftet herrlich frisch
Der Wind wiegt sanft die Boten des
Sommers in seinen Armen
Es blüht...

Die Sonne küsst liebevoll deine
Nasenspitze
Die Erde trägt deine Fröhlichkeit
Der Wind küsst liebevoll deine
Augenlider und entführt dich in
Sein Reich
Du blühst...

Juli – du erwachst und trägst das
Lächeln des Sommers auf deiner
Haut

Ein warmer Schauer erfrischt deinen
Körper
Der Sommerregen erfrischt dein Gesicht
Jeder Regentropfen küsst deine Lippen
Benetzt die Sommerblumen
Du blühst...

Stille Kühle

Langsam kühlt die Natur aus
Immer mehr Lichter erhellen
In den späten Nachmittagsstunden schon
die
Fenster, Türen, Dächer, Gärten
Die Häuser zunehmend wärmer
Jede Familie kuschelt aneinander

Langsam ziehen schwere Schneewolken
übers Land
Längst ist die Sonne hinterm Horizont
verschwunden
Und nun bedeckt sich die Natur zärtlich mit
einem reinigenden Weiß
Verwandelt sich in eine besinnlich kalte
ruhige Welt
Beruhigend, welche Schönheit das Land
entwickeln kann

Sei ganz leise
Sei ganz still
Dann hörst du die Wunder dieser Welt
Schließe deine Augen
Öffne deine Seele
Lass es geschehen...

Eva-M. Hammer

Kapitel III

Scheideweg

Warten

Die See ist unruhig

Es scheint

Als warte sie

Kein Tier in ihr

Kein Mensch in Sicht

Den Leuchtturm

Gibt es nicht mehr

Das Licht erlosch

Als der Mensch es tat

Da schrie die Natur

Da erhob sie sich

Die See ist aufgewühlt

Der Wind peitscht über das Wasser

Plötzlich reißt die Wolkenwand

Ein Lichtstrahl tritt hervor

Er ist warm und hell

Gefolgt von weiteren

Hebe dein Haupt und lache

Denn dieser erste Lichtschimmer – kündigt

den Frühling an

Rätsel

Es ist ein Hauch
Ein Hauch von Sinnlichkeit
Du fühlst es auf der Haut – am ganzen
Körper
Es umspült dich
Es umspült dich
Und entführt dich
In die Welt des Vergessens
In die Welt der Träume
Es ist der Horizont
Die Grenze zwischen Wirklichkeit und
Fantasie
Es trägt nicht nur eine Farbe
Es trägt das Leben
Du schaust und schaust
Und erblickst das wunder

Das wunder der Magie der Natur
Du siehst es weder mit den Augen noch
mit dem Verstand
Du spürst es nur – mit deiner Seele
Fass mich bei der Hand
Ich zeige dir den Weg zum Busen der
Natur
Durch den Tunnel der Realität

Fang an zu träumen
Schließe deine Augen
Summe ein Lied
Schau sie an – bitte
Sie ist das schönste und wärmste
Sie beginnt und beendet deinen Tag
Mit dem Besten, was sie hat
Schau und fühle

Verzweiflung

Leise, ganz heimtückisch schleicht sie sich
in mein Herz
Hält es fest ohne Erbarmen
Du bist Schuld
Dass ich verfalle einem Lied
Dass ich träume, wenn ich wach bin
Dass ich höre, den Nieselregen an mein
Fenster prasseln

Verzweiflung – sie ist so groß und schwer
Kaum zu ertragen

Nur mein Herz will es spüren
Doch mein Verstand sagt: nein!
Aus gutem Grund
Denn eine Zukunft wäre Wahnsinn

Der Regen hört auf zu prasseln
Und langsam verklingt das Lied...

Leb wohl Geist der Vergangenheit

In einem Leben voller Streit und Hass
Voller Verzweiflung
Bist du mein Hoffnungsschimmer
Der Komet, der den Horizont erhellt
Der glühende Stern am Himmel
Die zarte Blüte in mitten Dornen
Ein Mensch, an dem ich mich festhalten
kann

Doch die Ferne ist nah
Und nur in meinen Träumen
Darf ich dich berühren

Es ist schrecklich
Ich binde mich an eine Erinnerung
An ein Gefühl der Liebe
Ich muss beenden und vergessen
Was mich schmerzt
Ich muss leben
Es gibt noch Leidenschaft und Seligkeit
Leb wohl Geist der Vergangenheit

Ich erkenne meine Hilflosigkeit

Du hast mir deine Liebe gestanden
Deine Augen sprachen Bände
Deine Hände streichelten ungewohnt
meinen Körper
Dir stand die Hilflosigkeit im Gesicht
geschrieben
Nervös und angespannt öffnetest du dein
Herz
Machtest dich verletzbar

Ich wollt´, ich könnt' dich umarmen,
Dich streicheln und liebkosen
Aus dem Schein der Angst und
Ungewissheit heraus
Tauschten wir verliebte Blicke

Bleib' bei mir und ich mach' dich glücklich
Vertrau' mir und ich werde dir verzeihen
Fühle mit mir und ich zeig' dir den Weg in
mein Herz

Heut' Nacht verschwand der Traumzustand
Morgen Nacht erfülle ich dir deine Wünsche
Zeitlos und ohne Eile
Warten wir auf unsere Zeit

Bleibe bei mir und ich werde dich
verstehen

Erinnerung

Weißt du noch, wie
schwer es war

Vor einigen Jahren,
Vor einigen Monaten,
Vor einigen Wochen...

Erinnerst du dich, wie
du geweint hast

Vor Einsamkeit,
vor Schmerz,
vor dem Verlust...

Glaubst du, dass du
geschützt bist

Vor dem Hass,
Vor dem Neid,
Vor den Gefühlen...

Fühlst du dennoch das
Leben,

Vor dem du Angst
hattest,
Was leicht klang,
Welches so viel
versprach...

Erlebst du noch immer
das,

Was dich lächeln lässt,
Was dich hält – ganz
fest,
Wovor du Furcht
zeigtest...

Es gibt etwas, was ich
dir erzählen muss:

Jede Erinnerung hat etwas gutes,

Diese Erinnerung wächst,
Und du mit ihr,
Deine Zuneigung zu anderen,
Ist nie gekannt und neu...

Auch wenn du vorsichtig bist,
Ist das nicht mehr wegzudenken,
Denn
Allein bist du sehr schwach,
Allein wirst du nicht sein.

Du baust auf – auf

Versprechen,
Verantwortung,
Tiefe Zuneigung

Sie bedeutet dir alles und nichts,
Weil sie nur ein Teil ist.
Und im Moment ist sie wichtig,
Wie der resultierende Erfolg

Jede Erinnerung wacht über die
Erwartung
Glaub´ mir...

Erinnerst du dich an deine
Gedanken?
Du sagtest, dass du lachen wirst.

Weißt du noch...?

Regen

Es klopft
Es regnet schon wieder
Ich halte meine Hand aus dem Fenster
Fange einige dieser Tränen auf
Führe meine Gedanken in eine andere Welt
Warum habe ich dich gehen lassen?
Warum habe ich dich nicht geküsst?

Es scheint so schwer
Es regnet schon wieder
Deprimierend dieses Wetter
Kein Lachen – kein komisches Wort
Ich hasse diese Welt
Ich sehne mich nach Umarmungen und
Gesellschaft
Ich vermisse die heißen Berührungen und
langen Gesprächen
Ich brauche kalte Duschen und warmes
Kuscheln...

Es hat aufgehört zu klopfen!

Spanien

Ich stehe am Ufer

Ich sehe den Horizont

Ich rieche den Atlantik

Ich fühle die Kräfte der Gezeiten

Ich spüre die Sonne Spaniens

Sie aktiviert Glückshormone,

Die meinen Körper vibrieren lassen

Das Meer umspült meine Füße,

Versucht mich mitzureißen

Ich lebe...

Ich lebe...

Mit ausgebreiteten Armen umarme ich den
Wind

Haarsträhnen umschmeicheln mein Gesicht

Ich lebe...

Ich lebe...

Wenn ich jetzt die Augen schließe,

Höre ich den Ozean rufen

Ich lebe...

Eva-M. Hammer

Kapitel IV

Das Leben gehört dir

.

Frühling

Blau, Grün, Bunt
Himmel, Wiese, Land
Luft, Wasser, Land

Vielen bekannt
Das Leben leben
Im Frühling

Gedanken, Gefühle
Schweben gelassen
Aufeinander zu
Umarme dein Herz

Komm! Sag, was du
Fühlst, denkst
Wie du lebst im Frühling

Ruhm

Der Augenblick – jedermann schaut
Ich stehe auf diesem Podest
Lache – ein fröhliches und auch echtes Lachen
In meinen Armen
Die Früchte meines Tuns
Das Glück, das Geschaffte
Das Erreichte, das Verdiente
Ich strahle siegessicher
Jeder blickt erwartungsvoll
Still – was wird sie sagen
Alle hoffen auf bewegte Worte
Doch – es ist nur ein leises, schüchternes
Danke

Ich sehe Bilder der Vergangenheit
Ich höre Gedanken der Vergangenheit
Welche, die es verdienen

Der Augenblick – voller Genugtuung, voller Spannung
Ich genieße jede Sekunde
Meine Augen sind scheu
Mit ein wenig Angst auf Zukünftiges
gerichtet
Meine Hände zittern vor Erregung, vor leiser
Verzweiflung
Ein ungeahntes Gefühl durchströmt mich
Einen Augenblick schließe ich meine
tränenerfüllten Augen
Dann sauge ich wieder all das verdiente
Glück in mich ein

Der Beifall ist für mich allein
Einen Augenblick vergesse ich die Angst
Einen Augenblick voller Ruhm

Hoffnung

Ich gehe einen langen Weg
Es ist ein Tunnel
Dort am Ende ist ein Licht
Ich weiß es
Ich fühle es
Nur
Ich sehe es nicht

Ich gehe einen steinigen Weg
In völliger Dunkelheit
Nebelschwaden und Schatten erschrecken
mich nicht
Denn am Ende dieses Tunnels ist Licht

Ich gehe weiter
Meine Gedanken kreisen, wirbeln, finden
nirgends Halt
Doch am Ende des Tunnels ist Licht

Das erhellt meine Seele
Treibt fort die Leere
Denn irgendwann ist der Tunnel zu Ende
Dann - sehe ich das Licht

Der neue Morgen

Nebelschwaden schweben über das Land
Und steigen auf
Der Tau glitzert auf jedem Grashalm
Sonnenstrahlen spazieren durch das Feld
Liebkosen den Boden
Darüber flutet die Sonnenglut
Den Horizont in wundervolle Rottöne
färbend

Die Falken sind schon auf der Jagd
Die frische und reine Luft
Erfüllt vom Rauschen ihrer Schwingen
Der leichte Wind säuselt ums Feld
Schleicht durch die Äste
Verscheut den Nebel
Und treibt den Morgen voran

Es riecht so gut, so frei und mild
Es weckt fröhliche Gedanken

Die Sonne steigt und der Morgen wird alt.

Heute

Heute sterbe ich
Aber morgen geht die Sonne auf
Gestern habe ich gelebt

Heute erzähle ich, was gestern geschah
Aber morgen ist alles vergessen
Gestern habe ich gelebt

Heute sehe ich dein Gesicht zwischen
meinen Händen
Aber morgen sind diese Hände kalt
Gestern habe ich gelebt

Heute fühle ich die Last auf meiner Seele
Aber morgen ist sie nur noch ein Hauch
von Traurigkeit
Gestern habe ich gelebt

Heute liebe ich dich
Aber morgen ist dieses Gefühl ein Schwert
Gestern habe ich gelebt

Heute sterbe ich
Aber morgen geht die Sonne unter und
nimmt das Heute mit sich
Gestern habe ich gelebt

Blind Date

Ein wenig Furcht
Natürlich Neugier
Und bestimmte Erwartungen

Als ich im Zug saß
Wechselten die Bilder in
meinem Kopf
Schneller als die vorüber
ziehenden Bilder
Nervöse Unruhe macht sich
breit
Mein Körper zitterte als ich auf
den Bahnsteig stand

Ich beobachtete die
vorbeigehenden
Männer ganz genau
In der Hoffnung
Er ist dabei
Doch keiner entsprach dem
Bild,
Welches ich mir gemacht hatte

Halb erleichtert
Halb traurig
Schreite ich zum Ausgang
Der warme Nachmittag
empfing mich

Und auch jetzt war er nicht zu
sehen
Wirre Überlegungen
Grübeleien
Was nun?

Dann – er kommt auf mich zu
Wir schauen in die Augen des
anderen
Erleichterung
Die Spannung fällt ab und
verlagert sich
Auf das was nun geschieht...

Ich fühle mich so beschwingt
Es ist alles so vertraut
Er berührt meinen Hals
Löst eine Flut von neuen
Gefühlen aus

Meine Gedanken gehen
wild
Durcheinander
Unsere Finger zeichnen die Linien der Körper nach
Unsere Hände ertasten den rasenden Puls

Unsere Haut spürt diese ungeheure
Prickelnde Leidenschaft

Verzaubert
Entzückt
Ein wenig entrückt
Schmiege ich mich an dich

Du bist so wirklich
So real
Kein Traumbild mehr
Die Luft um uns herum vibriert
Wird wärmer
Und hüllt uns ein

Der Duft der Leidenschaft
Überwältigt uns
Vielleicht ist es Zufall
Vielleicht war es auch geplant

Dass wir zueinander finden
Den Umwegen zum Trotz
Lassen wir unsere Sehnsucht frei

Noch immer ein wenig furcht
Auch Neugier
Ist geblieben
Doch nun liegt es nicht mehr im
Verborgenen

Nimm meine Hand
Während du meine Hand liebkost
Still!
Meine innere Stimme hält sich im
Hintergrund

So höre ich
So achte ich
Auf keine dieser Erwartungen

Ruhe legt sich über die Aufregung
Langsam zeige ich dir
Was nun geschieht
Es beginnt mit einem Kuss

Begierde

Das Streicheln deiner Hände auf meiner Haut
Sind wahre Komplimente an meine Sinne

Leichtes Frösteln erhöht mein Bedürfnis
Näher an dein Herz zu rücken

Die kleinen Härchen auf meinem Nacken
Zeigen mir
Wie sehr ich dich begehre

Der Windzug streift meinen Rücken
Sucht den Widerstand
Meine Finger ziehen Kreise auf deinem Po

Während du mich spürst
Während du mich tiefer sinken lässt in deine Seele
Zaubert dein Blick eine Melodie auf meine Haut

Ich schmecke deine reine Lust
Das Salz auf deiner Brust
Versinke im Genuss deines Körpers

Ich sehe deine Hände zwischen meinen Schenkeln
Strecke mich mit Genuss
Deinem Köper entgegen

Ich höre dein Herz auf meiner Brust schlagen
Setze mich aufrecht

Ich taste mich zu dir hinauf
Beschleunige deinen Puls

Ich rieche deinen Duft
Werde gefangen zwischen Lust, Gier und völliger Hingabe

Wahre Komplimente...

Gewitter

Stille

Am Horizont ziehen rabenschwarze Wolken auf

Dunkelheit – tiefe Dunkelheit umgibt mich

Dann erhellt sich die Welt – Blitze durchzucken den Himmel

Ich stehe am Ozean

Genieße dieses Schauspiel

Meine Erinnerung durchstreift meinen Kopf

Plötzlich reißt die Wolkendecke auf

Und ein Sonnenstrahl erfasst meinen Körper

Mein Blick richtet sich auf den Steg und mit einem Mal

Ein Lächeln

Das es dich gibt

Ist für mich die Erfüllung

Deine Kraft

Deine Geduld

Beflügeln mein Sein

So wie du in mein Leben trittst

So geheimnisvoll und leidenschaftlich

Kann ich nicht ohne dich

Wenn das Gewitter vorüber zieht

Dann weiß ich, dass du mein Leben bereicherst

Weil du da bist

Eva-M. Hammer

Kapitel V

Die Wirklichkeit liegt
hinter dem Spiegel

Glück

Das Herz – es schlägt so wild
Das Gesicht ist glühend rot
Die Hände zittern
Der Puls rast

Dich kleines Wesen – süßer Schatz
Hab' ich empfangen
Dich unruhiges Ding
Will ich halten – ganz fest in meinem Haus
Dich seliges Verlangen
Muss ich teilen

Doch du bist egoistisch und unbezähmbar
Du verweilst nicht lang' an einem Ort
Du kommst und gehst, wann 's es dir
beliebt
Du Schelm, du listiger Teufel
Unregelmäßig – kaum zu berechnen
Aber wenn ich dich erhalt', dann bleibst du

Weihnachten

Alles duftet herrlich
Alles ist so festlich still
Hier ein Schmunzeln
Dort ein listiger Blick
Alles leuchtet und glitzert
Sogar die Augen – Sterne des Himmels
Alles ist so wundervoll
Alles ist so unsagbar herrlich

Ein Fest kommt
Ein Fest der Liebe, der Zusammenkunft und des Verzeihens
Ein Fest des Nachdenkens und der Besinnung
Der Großherzigkeit und des Gebens
Ein Fest geht

Zurück bleiben Bruchstücke der Erinnerung
Verzweiflung, Alleinsein, Hass und tiefe Stille
Umschließen alles
Der sonst so weiße Wald erstickt im Blut
Eine Trauer geht durchs Land
Erfüllt die Herzen, welche sich verkrampfen

Hör! – Hör auf zu schreien!
Denn es hört dich niemand

Ein schwarzer Tag – ein schwarzer Monat
Die Köpfe gesenkt – voller Schuld
Selbst du kannst nichts mehr tun
Drum sehe weiter
Drum hoffe weiter
Ein Fest geht

Traumhafte Sommernacht

Weit hinter dem Horizont
Hoch über den Wolken
Lebt der Traum –
Ein Sommernachtstraum

Die Luft ist schwül und voller Staub
Eine Melodie erklingt

Augen reflektieren
Das Licht des sternenklaren Himmels
Wangen glühen
Lippen treffen sich
Zu einer nie gekannten Leidenschaft

Knisterndes Feuer am
Asche wirbelt hoch
Der Schein wärmt
Die Nacht umfängt den Sommer

Und weit hinter dem Horizont
Liegt die Vergangenheit
Hoch über den Wolken
Liegt die Zukunft
Tief in jedem
Hält die Gegenwart sich fest
An einem Traum

Küsse in einer Nacht
Umarmungen eines Sommers
Wohl ohne Traum
Gebe 's den Sommer nie
Ein Traum von Erfüllung
Von Reife und Verständnis

Ein Komet – der Bote voller Hoffnung
Durchströmt den Traum
Lässt glauben, dass der Sommer nie endet
Doch der Sommernachtstraum vergessen im Winter

Erkenntnis

Du siehst in den Spiegel
Und erschrickst
Denn was du siehst
Macht ängstlich und nachdenklich
Zart berührst du die glatte Oberfläche
Das Licht bricht sich
Fährt durch deine Augen
Du schwebst zurück ohne Halt
Es tut sich eine alte Welt auf
In der du erkennst,
Wie dumm du warst
Du erblickst,
Was dir widerfuhr
Doch erkennst du,
Es ist vorbei
Der Spiegel springt
Die feinen Splitter führen dir Schmerzen zu
Plötzlich weißt du,
Es ist vorbei
Vorbei.

Tiefe Gedanken

Wenn ich meine Augen schließe

Öffnet sich mein Herz

Ich versinke in deiner Seele

Sehe mit deinen Augen

Fühle deinen Schmerz

Spüre deinen warmen Atem

Höre deine dunkle Stimme

Wenn ich meine Augen schließe

Ist es, als gäbe es nur uns

Doch in Wahrheit träume ich von alledem

Und es zerplatzt ohne Spuren

Höre auf zu träumen!

Denn was real ist

Ist weitaus traumhafter

Macht und Wahrnehmung

Der Schatten an der Wand
Streichelt über Gemälde und Spiegel,
Führt seine Arme gespenstisch
durch den Raum.
Eine Tür öffnet sich,
Der Wind faucht herein,
scheucht die Flamme der
Kerze hin und her,
reißt den Schatten entzwei,
als wäre es ein Faltenwurf von Rauch.

Kein einziger Laut ist zu hören,
kein Geruch ist wahrzunehmen.
Der Schatten löst sich von der Wand,
schleicht entlang auf dem Flur
umhüllt für Augenblicke
die kichernden Chimären,
die er anfasst mit seinen Russgefärbten Fühlern.

Schwarz wie die umwölkte Nacht,
dunkel wie die Seele seines Herren
nimmt er Besitz von seinem Rastplatz.

Der Schatten,
mir gram und
mir zum Gruße,
Er ist der Herrscher
dieses Hauses -
jede Nacht,
Seit Ewigkeiten.

Schein

Viele glauben
Ein Fest bringt
Freude und Vereinigung
Was für ein Tagtraum
Lächerlich

Viele glauben
Ein Raum verkörpert
Sicherheit und Freiheit
Was für ein Versteckspiel

Viele glauben
Ein Festessen führt
Die Familie wieder zusammen

Doch in mir ruht die
Gewissheit
Ein Gefühl begleitet durch
Zimtduft und Kerzenschein

Und wenn ich genau hinhöre
Dann erlebe ich ganz
Intensiv
Das Flackern im Kamin
Die heiligen Melodien im Raum
Das Leuchten in deinen warmen Augen
Das sanfte Lächeln

Viele glauben...

Der Verlust zerreißt die Stille

Ich hätte' nie gedacht, dass es mich trifft
Es war etwas, was nur anderen passiert
Niemals mir
Ich bin verwundbar
Ich bin sterblich

Hass trieb mich davon
Schwere Gefühle ließen
Meine Augen erblinden
Furcht ließ mich erzittern
Flucht ließ mich erkennen, dass
Alles zeitlich begrenzt ist
Verlust hat mir gezeigt, dass
Ich schwach bin
Und nichts außer mir halten kann

Wenn du nicht liebst
Kannst du diesen Schmerz nicht fühlen
Dann wirst du nie verlieren
Und langsam von innen heraus sterben

Das letzte Lächeln

Du läufst
Die Sonne verdeckt
Von grauen Wolken
Der Wind beherrscht
die Natur
Du rennst
Die Hast
Dein Körper droht zu
zerspringen
Das Blut – heißer und
heißer
Die Eile
Mein Gott
Warum
Dein letztes Lächeln ist
so weit
In die Vergangenheit
gerückt
Dein Gesicht hat es
verlernt
Deine Augen spiegeln
Nicht mehr
Dein Innerstes wider
Warum
Du schaust
sehnsüchtig zurück
Die Hoffnung stirbt
Mit jeder Stunde
Ein Stück mehr

Warum
Du siehst kaum
Die Hand vor deinen
Augen
Du nimmst die
Konturen nur
Schemenhaft wahr
Vorbei

Alles zerstört
Deine Dummheit
kostet dich Dein
Lächeln
Deine Wut kostet dich
Deine Unbefangenheit
Deine Sturheit kostet
dich
Deine Unverletzlichkeit
Warum
Deine Flucht
Führt dich zurück
An die Brücke
Eine Brücke
Die alles wieder gut
macht
Wo ist diese Brücke
Zerstört
Für immer

Seenlandschaft

Was du siehst,
Ist verschwommen, verschleiert
Und versteckt unter der Schicht von Dunst,
Warmer Luft - Atem des Ufers,
Kein Sonnenstrahl durchdringt die Luft.
Doch es ist gut,
Denn kein Laut zerstört die Stille.
Eine stille Ruhe liegt auf der
Seenlandschaft.
Mein Blick gleitet langsam über den See
mit seinen Geheimnissen;
Dem Ufer mit seiner Schönheit.
Ein Schwan schaut zu mir rüber.
Einen Augenblick lang erkennen wir
einander.
Dann erhebt sich dieser stolze Vogel in die
Lüfte
Und gleitet über meine Seenlandschaft.

Eva-M. Hammer

Kapitel VI

Zerrissene Liebe

Leere

Das blaue Meer
Die weite See
Der endlose Horizont

Möwen kreischen
Delphine tanzen auf den
Wellen
Einsame Schiffe gleiten
auf dem mächtigen
Ozean
Und weit und breit
nichts als Wasser,
Himmel, Luft

Der heiße Sand
Die trockene Luft
Der brennende Horizont

Geier auf der Suche
nach Aas
Kojoten schleichen in
der bitterkalten Nacht
umher
Einsame Oasen inmitten
dem Nirgendwo
Und weit und breit
nichts als Sand,
Himmel, Luft

Ich stehe in dieser
Leere
Ich blicke um mich –
sehe nicht

Du fehlst mir

Deine zärtlichen
Umarmungen
Du strahlst mein Herz

Du hast meine Seele
erschüttert
Du vernebelst meinen
Verstand
Du sagtest Dinge, die
jetzt wehtun
Trotzdem fehlst du mir

Erst erfüllst du mich
Mit Wärme und
Gefühlen
Dann verlässt du mich
Hinterlässt – Leere
Es bleibt die Erinnerung
Eine Erinnerung, die
uns verbindet

In jedem Meer gibt es
eine Insel
In jeder Wüste eine
Stadt
Dieses Wissen hält mich
aufrecht

Ein Lächeln huscht,
kaum erkennbar
Über das Gesicht
Ein Augenblick – ein
Leuchten
Die Gedanken
schweifen in die
Vergangenheit...

Machtlosigkeit

In die
Morgendämmerung
Blinzelt eine
unbeschwerte Frau
In die aufgehende
Sonne
Der Tag erscheint
erwartungsvoll
Tatendrang und
Hingabe
Es ist so viel zu tun

Plötzlich
Der eben noch heitere
Himmel verdunkelt sich
In einen alten
beständigen Baum
Schlägt der Blitz ein

Hörst du sein Schreien?
Sein Wimmern und
Klagen?
Bis schließlich der Wind
es fort trägt
Es vergessen wird

Alles Lebende
Jede Erinnerung
Jede Erwartung

Wurde zerstört durch einen
Schlag
Wurde zerbrochen durch ein
Wort

Ein Hauch von Mitleid,
Purer Ignoranz verpestet die
stehende Luft
Dem gegenüber was bestand
Entfesselte Naturgewalt
Unberechenbar
Schonungslos

Sie stellt sich dieser
Machtlosigkeit
Kann nicht vor, nicht zurück
Ausgeliefert
Es scheint hoffnungslos

Keine Reaktion
So klein die Chance
Wie die des Baumes

Eine letzte Möglichkeit
Eine letzte Rettung
Vor der Verzweiflung
Noch bevor sie verbrennt
Und vom Wind weggetragen
wird
Die Erinnerung verfliegt

Es erdrückt sie
Trotz aufbäumen
Bleibt nur eine traurige
Erwartung bestehen

Geweckte Gefühle
Ohne Kontrolle
Schreie verhallen in der
Abenddämmerung – ganz
langsam

Sterneklare Liebe

mit geschlossenen augen blicke ich
zurück. bände meines tages faszinierend
und erschütternd. rauschen durch meine
gedanken. doch wie unwichtig erscheint
mir alles. ich spüre deine Angst. Ich lese in
deinen augen freude. das leuchten deines
lächelns ist entwaffnend und gleichzeitig
verzaubernd.

so verzaubernd wie das sternenklare
firmament des himmels. weinst du, weint
der himmel mit dir und mein herz wird kalt.
lachst du, strahlt dich ein reich der
barmherzigkeit an.

ich öffne die augen und sehe, was vor uns
liegt. niemand wird mich aufhalten, denn
du begleitest mich.

Mein verlassenes Herz

Mein Herz
Der Zug trägt mich fort
von dir
Eine plötzliche Leere
umfängt mich
Die Sonne ist
untergegangen und
nimmt meine
Erinnerungen an dich mit
Ein Schleier legt sich
über meine Gedanken
Ich halte die
vergangenen Momente
fest
In meinen Händen
In meinem Herzen

Sobald die Sterne
aufgegangen sind
Sobald der Mond in mein
Schlafgemach scheint
Sobald meine Lider
geschlossen sind
Tragen meine Träume
mich zu dir in deine
Umarmung, an deinen
warmen Körper

Mein Herz
Es gibt so vieles, was ich
dir zeigen und sagen will
Doch mein Verstand reißt
den Faden auseinander
Wenn ich nicht bei dir bin

Zerreißt es mir das Herz
Wenn ich bei dir bin
Erdrückt mich meine Sehnsucht
nach der Ferne
Wenn ich dich nicht berühren
kann
Zittere ich vor Verlangen
Wenn ich dich berühre
Verschließt sich mein Gefühl

Angst beflügelt mich
Lässt mich fallen
Lässt mich aufsteigen
Angst umklammert fest und hart
mein Vertrauen
Angst genährt durch so viele
Dinge

Ach, könnte ich mich fallen
lassen
Mich davon tragen lassen
Zu den höchsten Gipfeln
Zu den tiefsten Seen
Zu den schönsten
Sonnenuntergängen

Jetzt hat mich der Alltag wieder
Und zerreißt meine romantischen
Gedanken
Mein Herz
Verzeih meine Gefühle
Erzürne nicht
Vergib dem Kometen in mir

Ein starkes Wort

Liebe ist ein starkes
Wort
Wenn du mir sagst
Dass du mich liebst
Warum fühle ich mich
dann so verloren
Wenn ich deine große
Liebe bin
Warum fühle ich nicht
dasselbe wie du

Mein Verstand – meine
stärkste Waffe
Mein Verstand - meine
Entscheidung
Mein Verstand – die
Herrscherin über mein
Herz

Es regnet
Das Land weint
Trägt deine Hilflosigkeit
Düsternis
Vergänglichkeit
Leere
Teile deine Angst mit

Gestern war alles so
klar
Und deutlich
Sicher und
Überschaubar
Gestern war alles
messbar
Und ohne Zwang

Heute gleicht der
Verstand
Einem Wirbelwind

Heute ist alles vergangen
Ungewiss und ohne
Jeden Zusammenhang

Morgen ist so weit entfernt
Und nicht greifbar
Solange das Gestern
Noch ohne Ergebnis
Und das heute
Voller Fragen ist

Morgen wird heute
Heute wird gestern
Und gestern ist nur
Ein weiteres Puzzelstück

Liebe kann Berge versetzen
Nicht in meiner Realität
Liebe entscheidet nicht über Sein
oder Nichtsein

Angst entscheidet
Angst vor dem Alleinsein
Angst vor der Zukunft

Wenn du mich liebst
Lässt du mich gehen
Wenn du mich liebst
Wünschst du mir alles Glück der
Welt
Wenn du mich liebst
Werden deine Erinnerungen
An mich nicht vergiftet

Verlorene Seelen

Wenn ich jetzt hier sitze
Denke ich an die letzte Nacht

Diese Leidenschaft
Jeder Kuss eine Offenbarung
Dieses Fühlen

Die Zeit – ich verliere sie
Warum halten
Festhalten für den Moment
Als dein Körper mich erregte
Jede Bedeutung verliert sich im endlosen Raum

Wenn ich jetzt hier liege ohne dich
Dann fehlt mir deine warme Haut
Mich durchfährt das heiße Kribbeln
Wie damals
Als ich das erste Mal in deine wunderbaren Augen
schaute
Voller Tiefe
Sie nehmen mich gefangen
Lassen mich niemals los

Liebende Gewissheit der Trennung

Wenn der Abschied nah ist.
Und ich weiß dass es für immer sein wird,
Vergesse ich,
Dass wir uns so nahe stehen,
Wie der Augenstern im großen Bären.

Ich bin eine wechselhafte Person,
Die ihren Weg noch immer nicht gefunden hat.
Ich kann nichts ändern was so tief mit meiner Persönlichkeit
verankert ist.
Ich bin verwirrt und erschrocken,
Denn das Gefühl der Liebe ist so stark.

Paradox – widersprüchlich und verrückt,
Ich kann nicht ohne dich.
Doch zusammen sind wir gegensätzlicher ohne gleichen.
Ich habe mich schon vor sehr langer Zeit für dich entschieden,
Doch ich bin nicht bereit, mich jetzt schon zu entscheiden.

So sehr wie ich dich liebe so stark ist die Gewissheit,
Dass ich noch nicht mit dir zusammen sein kann.
Lass mich gehen und schau nicht zurück,
Denn ich werde einen ganz anderen Weg gehen,
Als wir uns beide jetzt vorstellen können.

Ohne mich und mit mir ist das Leben eine Qual,
Doch wo liegt die geringere Qual?
Ich liebe dich und werde dich immer lieben,
Mein Herz gehört dir
Und ich werde in meinen Erinnerungen immer glücklich sein.

Zu schnell zusammen,
Nach so langer Zeit.
Ich bin noch zu ungeduldig und zu verrückt.
Lass mich gehen...

Ohne mich wirst du das erreichen, was ich fast zerstört hätte.
Ich bin dein Engel.
Nichts kann etwas daran ändern.

Unausgesprochen

Hände, die mich streicheln
Blicke, die mich berühren
Stimmen, deren Klang eine tiefe
Ruhe in mir hervorrufen
Gefühle – tief verborgen, die an
die Oberfläche treten
Und zum Greifen nahe scheinen
Doch bleiben sie
unausgesprochen wie am ersten
Tag
Geheimnisse, die sich mir öffnen
Ohne, dass ich sie dir mitteilen
kann
Mich tief erfassen

Sehnsüchte geweckt von der
Sinnlichkeit
In dem Moment, in dem du mich
in die Arme nimmst
Sie um mich legst
Und mich vergessen lässt
Schwebe zurück in unsere
vergangenen Gedanken
Fühle zukünftiges Geschehen

Von dir geht eine Faszination
aus
Die mich verletzt
Jedoch verhindert, dass die
Finsternis undurchdringlich wird
Aber zulässt, dass die
streichelnden Hände kalt werden
Dass der Blick lähmt
Und dass nur noch das
verzweifelte Krächzen einer
angstvollen Stimme zu hören ist

Lippen, die mich sanft streicheln
Blicke, die mich berühren
Dein Lächeln, das mir Wärme
schenkt
Wenn ich dich umarme
Wenn ich deine Haut auf meiner
spüre
Erschauere ich
Schließe ich die Augen

Es ist als wärst du bei mir – ganz nah

Du lässt meinen Körper erzittern
Du bist eine neue Inspiration, die mich
gefangen nimmt und nicht mehr los lässt
Komm auf mich zu und lass deine schönen
Hände
Über mein Haar,
Über mein Gesicht,
Über meine Haut streicheln
Meine Leidenschaft soll dich fesseln
Verschließe meine Lippen

Hände, die mich streicheln
Blicke, die mich berühren
Nichts ist mehr unausgesprochen
Gefühle, die an die Oberfläche dringen
Ich kann sie greifen
Nach so langer Zeit
Ich fühle dich
Ich gebe meinen Sehnsüchten nach
Ich will dich erleben

Du bist mein reißender Fluss
Jede Strömung
Jede Stromschnelle
Du trägst mich weiter fort
Ich werde nicht eher halten
Bis ich den Horizont erreiche und küsse
Pulsierend reißt du mich mit
Trägst meine Seele sacht und
leidenschaftlich
Ohne halt
Einfach weiter

Es gibt keine Ufer
Keine störenden Brücken
Nur einen Wasserfall mit seiner
unbändigen Kraft
Ohne Angst treibe ich auf ihn zu
In Harmonie
Im vollkommenen Einklang
Nur diesen einen Augenblick lang

Unausgesprochen

Eva-M. Hammer

Kapitel VII

Gefühlvolle Nachrichten

Tanz

Leise Schwingungen,
dann ein erstes Erzittern,
der Schritt zur Seite,
Noten einer unglaublich sinnlichen Melodie,
wirken ein auf die Körper
wie eine Arznei
vom anderen Ende der Welt.
Zögern − und das unbezwingbare Gefühl,
es endet niemals

Leise Schwingungen,
Wohlige Schauer strömen
durch den gesamten Leib.
Sensible Berührungen
ergreifen Besitz von Allem,
und Gedanken werden frei.

Leise Schwingungen;
sie bestimmen Rhythmus,
führen die Seelen an Orte,
die nicht auszumachen sind.

Engel weinen nicht

Ein kleines Mädchen
Sitzt auf dem Schoß ihres Vaters
Lieb und zärtlich
Hält er sein kleines Mädchen fest
Er erzählt eine Geschichte aus längs
Vergangenen Zeiten
Über eine Fee, und unglückliche Frau
Und ihrem Prinzen

Das kleine Mädchen lauscht gespannt
Und sehr interessiert den Worten ihres Vaters
In ihren Augen ist er das einzig Wichtige
Sie umschließt mit ihren kleinen Händen die seinen

Der Mann ist erfüllt von Wärme und Geborgenheit

Ihr engelhaftes Gesicht ist vor Erregung errötet
Sie fühlt mit der traurigen Frau
Und am Ende der Geschichte
Lächelt sie ihren Vater überglücklich an

Dieses kleine Wesen verkörpert all das
Woran das Herz des Vaters noch glaubt
Er liebt sie mehr als alles andere
Ihr ehrliches Lachen
Ihre Überschwänglichkeit

Im Hintergrund ist ein Schatten zu erahnen
Er erscheint schemenhaft

Aber er ist da
Und hört und sieht aufmerksam zu
Und lächelt
Er schaut auf ein kleines Mädchen,
Das auf dem Schoß des strahlenden Vaters sitzt
Fest umschlungen

Langsam tritt er zurück
Wird eins mit dem Dunkel der Wand
Taucht hinein
Ohne je gesehen worden zu sein

Hass

Ich verachte dich
Dafür, dass du mich verletzt hast
Dafür, dass du mich missbraucht hast
Dafür, dass du mich beleidigt hast

Ich verspotte dich
Weil du angenommen hast, diese Spiel sei einfach
Weil du mich unterschätzt hast
Weil du als Lügner versagt hast

Ich hatte dir vertraut
Doch du hast mich verraten
Meinen Verstand
Meine Seele
Meine Gefühle
Meinen Körper

Ich verachte dich
Für jeden Blick
Für jede Umarmung
Für jeden Kuss
Für jedes Wort

Du hast mich beschmutzt und betrogen
Als wäre alles ganz einfach
Du hast ziellos alles verraten
Woran ich glaube
Du bist nicht mehr wert
Als der hass in Garten EDEN

Ich hasse dich
Weil ich dich wirklich geliebt habe
Weil ich zu dir halten wollte
Weil ich dir Augenblicke mit dir genossen habe

Du bist keine Träne wert
Du bist keine Emotion mehr wert
Kein Gedanke wird mehr dein sein
Ich schließe ab
Denn du hast verloren
Mehr als ich – Versprochen

Rote Rosen

Morgen wirst du mich
hassen
Heute liebst du mich
Gestern kanntest du mich
gar nicht
Zum Ende hin – kam die
Gewissheit

Du kamst mit roten
Rosen
Ich brach dir das Herz
Du kamst mit einem
Lächeln
Ich sagte dir die
Wahrheit

Rote Rosen – sie sind so
wunderschön
Rote Rosen –
bedeutungslos
Rote Rosen – weinen
nicht
Rote Rosen – leben nicht

Während du bittest
Während du liebst
Verschließe ich mein Herz
Meine Gedanken –
verhasst und kalt

Verzeih' mir!
Vergib' mir!
Du hattest keine Chance
Ich gab dir keine Chance

Du verirrst dich
Du verlierst dich
Ich will dir nicht helfen
Ich bin dem nicht
gewachsen

Du sagst: Sieh' die Rosen
– und weine
Ich sage: Sieh' in meine
Augen – und weine
Rote Rosen – verblühen
Augen – verglühen

Meine Härte, meine
Vergänglichkeit
Deine Hoffnung, dein
Beten
Ohne dich anzuschauen –
gehe ich
Meine Erbarmungslosigkeit
– meine Angst

Ich gehe mit roten Rosen
in den Armen
Du weinst
Ich gehe ohne Fröhlichkeit
– erleichtert
Und du weinst nicht mehr

Morgen liebst du mich
Heute verzeihst du mir
Gestern vergisst du mich
Am Anfang steht eine rote
Rose

Angst

Dann gehe, schere dich hinfort
Komm nie wieder, verlasse diesen Ort
Kämpfe nicht, fliehe nur
Dann begegnest du keinem auf weiter Flur

Fälle einen Baum
Verbrenne eine Stadt
Kaufe eine Waffe
Lege sie in dein Bett

Vielleicht entgeht dir dein Leben
Oder du träumst
Wache über deinen Besitz
Sterbe allein

Dann geh´, komm nie wieder
Fliehe vor dir selbst
Hasse seinen Spiegel
Verbrennen deinen Mut

Wahnsinn greift in dein Geschick
Verrückte Dinge passieren deinem Gesicht
Verkaufe deine Freiheit
Spiele dieses Spiel

Weine, wenn du kannst
Lache nie wieder
Erzürne gegen dein Gewissen
Hasse deinen Spiegel

Doch –
Was heraufbeschworen
Lässt sich nicht mehr leugnen
Was verborgen und verhasst
Lässt sich nie mehr wieder vereinen

Dann geh´
Und
Komm nie wieder

Es war deine Lüge

Ich bin gestern zu dir
gekommen
Ich habe dich umarmt
Und geküsst
Ich werde dich
Schützen und
Respektieren
Und um dem zu glauben,
muss ich dir vertrauen

Eine Lüge –
Ein falsches Wort
Unsere Freundschaft
Zerbrach
Wie eine Blume unter dem
Druck des Verderbens

Ein Blick –
Ein falscher Gedanke
Unsere Freundschaft verging
ohne Halt

Ich hoffe und bete
Doch - ein Wiederherstellen
Schien unmöglich

Ich bin heute zu dir
gekommen
Ich habe dich angeschrieen
und geschlagen
Ich werde dich hassen und
verachten
Und um dem zu entkommen,
muss ich dich verlassen

Eine bittere
Auseinandersetzung
Hat alles zerstört, was wir uns
geschworen haben
Unsere Freundschaft –
weniger wert als
Ein tropfen Wasser im Meer
Die Augen verschleiert
Die Tränen rollen in Bächen
Schwemmen fort die Hoffnung
und die letzte Chance

Ein Wiederherstellen
Ist unmöglich

Ich werde morgen nicht zu dir kommen
Ich werde dich nicht ansehen
Ich werde dich nicht schützen

Alleine unsere Freundschaft war
Vielleicht nur eine Lüge
Zu verwundbar
Leicht zerbrechlich
Das Mittel zum Zweck,
Um zu überleben

Bedeutungslosigkeit
Und Verachtung
Ein Spiel ohne Sieger
Ein Spiel ohne Verlierer
Ein Spiel ohne Regeln

Beide haben wir verraten, was wir uns
schworen
Weil wir dieses Spiel nicht kannten

Unsere Freundschaft
Ein Wiederherstellen
War unmöglich

Wenn ich jetzt gehe,
Gehe ich im Zorn?
Wenn ich jetzt gehe,
Gehe ich in der
Gewissheit, Fehler
Gemacht zu haben?
Wenn ich jetzt gehe,
Gehe ich im Groll,
Weil der Versuch fehlschlug?
Ich gehe,
Vertraue nie wieder.
Ich bin nur gekommen,
Um zu klären,
Ich versuchte zu richten,
Was scheiterte,
Was verloren schien.

Doch ich nehme meinen Mantel
Und gehe, denn

Ein Wiederherstellen
Wird unmöglich

Maikatzen

Ein Fenster öffnet sich
Fühlst du die neue frische Mailuft
Sie berührt deine Seele
Sie streichelt deine Haut

Im Mai geboren
Bedeutet geboren in einen neuen Anfang
Wärme und Glück erfüllen deine Gedanken

Im Mai geboren
Bedeutet geboren in einer Zeit, in der die
Bäume ausschlagen,
Die Maiglöckchen blühen,
Die Sonne an Kraft gewinnt

Kleine Maikatze – lebhaft und frischen
Mutes
Strecken deine Tatzen aus in Richtung der
aufgehenden Maisonne
Sie kitzelt sanft deine kleine Nase
Deine Seele erwacht...

Schmetterling

Heut sah ich den ersten Schmetterling
Er tanzte auf den warmen Händen der Sonne
Er flatterte – ganz dicht – an meiner Nase vorüber
Er berührte meine Wimpern
Er setzte sich auf mein Haar

Heut sah ich den ersten Schmetterling
Ich dachte sofort an dein beflügeltes Herz
Ich saß auf meinem Balkon
Ich träumte von Sonnenaufgängen am Meer
Ich erinnerte mich an das Salz der Luft
Ich spürte den warmen Sand unter meinen Füßen

Heut sah ich den allerersten Schmetterling
Du wirst ihn ebenfalls sehen
Du schließt deine Augen
Du fühlst das sanfte Streicheln seiner Flügel auf
deiner Haut

Heut sah ich den ersten Schmetterling in diesem Jahr

Kleine Fee

Eine kleine Fee
Durchstreift den Wald
Verzaubert jeden Baum
Berührt jede Pflanze
Meine Augen schließen sich
Ich lege mich sanft auf das Moos
Spüre die warmen Sonnenstrahlen auf meinem Gesicht
Verspielt und wissend
Meine Seele schwebt
Nun Hand in Hand mit der feinen Fee
Lächelnd entdecken wir einen Fuchs
Geschwind läuft er voraus
Führt uns zum See
Der Wald teilt sich
Klar und glitzernd liegt dieser in einer Lichtung
Umrahmt von Steinen
Ein Sprung
Das Wasser kühlt unsere Körper
Halt deine Hand in den See
Jeder Tropfen benetzt dich
Die kleine Fee
Spricht mir in mein Ohr
Lass uns gehen
Meine Augen gewöhnen sich
Langsam wieder an das Sonnenlicht
Eine kleine Fee verzaubert den Wald

Stier

Ein Ziel

Eine Richtung

Nichts kann ihn verbiegen

Der Weg klar und korrekt

Er zieht sie magisch an

Falls er dir über deinen Weg läuft

Lass ihm den Vortritt

Trotz aller Kreativität

Schüchternheit und Zurückhaltung

Beißt er

Die Sonne erscheint blass und wüst neben ihm

Sein Lächeln verzaubert

So sehr

Niemand geht vorüber

An diesem liebenswürdigen Wesen

Schenk ihm einen grünen Smaragd

Erlebe seine offene Art

Ergötze dich an seiner Unbeschwertheit

Liebe ihn einfach

Herstellung und Verlag:
BoD-Books on Demand, Norderstedt
ISBN: 978-3-7322-8214-2